Albert Adamkiewicz

Wissenschaft und Verbrechen

Albert Adamkiewicz

Wissenschaft und Verbrechen

ISBN/EAN: 9783744630702

Hergestellt in Europa, USA, Kanada, Australien, Japan

Cover: Foto ©ninafisch / pixelio.de

Weitere Bücher finden Sie auf **www.hansebooks.com**

Wissenschaft und Verbrechen.

Von

Albert Adamkiewicz.

Wien 1899.

Im Selbstverlage des Verfassers.

Wissenschaft und Verbrechen.

Von

Albert Adamkiewicz.

Wien 1899.

Im Selbstverlage des Verfassers.

I.

Im Juni 1896 überraschten mich eines Tages die Blätter der Residenz mit der Nachricht, die Gesellschaft der Aerzte hätte mich »ausgeschlossen«. Einige fügten dieser Nachricht die Bemerkung hinzu, die Einwohnerschaft der Stadt fühle sich in ihrem Rechtsgefühle beunruhigt. Das war indessen nur ein milder Ausdruck für den Grad der Erregung, die der schnöde Ueberfall bei den Wohlgesinnten aller Gesellschaftsclassen hervorrief. Andere Blätter gaben die auffällige Publication ohne jeden Commentar. Sie standen im Dienst der Arrangeure.

Da ich selber einer der Wenigen war, welche von Vorbereitungen zu einem gegen mich geplanten »wissenschaftlichen« Attentat nichts wußten, da ich weder angeklagt war, noch verhört wurde, so war ich geneigt, an irgend eine Mystification zu denken. Allein die Gesellschaft der Aerzte war als Urheberin des Anschlages genannt. — Nun konnte ein anderer Gedanke nicht mehr abgewiesen werden.

Es war die That eines oder mehrerer von jenen, die sich im offenen Kampf zu schwach fühlen, die im Dunkeln zum Messer greifen und die gleichzeitig hinter einen starken Schild sich verkriechen, um ihrer That einen falschen Schein und größere Wucht, sich selber aber genügende Deckung zu geben.

Wie käme die Gesellschaft der Aerzte auch dazu, nicht nur gegen jede in guter Gesellschaft gebräuchliche Form, sondern auch gegen jedes Allen vorgeschriebene Recht zu verstoßen. Ueber meine Person aber hatte sie gar keine Rechte. Ich war nicht ihr Mitglied und hatte nicht einmal daran gedacht, es zu werden. Ich erinnerte mich nur, daß sie mir kurz nach meiner ersten Publication über den Krebs (Juni 1890) die Wahl zu ihrem correspondirenden Mit-

1*

glied (März 1891) angezeigt hatte und daß ich aus Höflichkeit dieses Danaergeschenk nicht weiter prüfte.

Konnte sie sich soweit vergessen haben, an einer Ehre, die sie nicht mir, sondern sich erwiesen hatte, wie eine Classe von Knaben, die sich an einem Lehrer »rächt«, Lynchjustiz zu üben! Das wäre der lächerlichste Selbstmord gewesen, den eine Gesellschaft von — Gelehrten je an sich vollführt hat; — ein Denkmal der Selbstverspottung, wie es noch niemals von Männern, die ernst genommen sein wollen, gesetzt ward.

Daran war also nicht zu denken.

Wer hatte also die Teufelei gegen mich und — gegen die Gesellschaft der Aerzte ausgebrütet?

In den Zeitungen hieß es, ich hätte die Protokolle der Gesellschaft der Aerzte »entstellt«! Schön. Aber ich kannte diese sogenannten »Protokolle« der Gesellschaft gar nicht. Ich habe nie und nirgends an sie gedacht, nie und nirgends von ihnen gesprochen. Heute erst, nach Jahren, wo die ganze gegen mich angezettelte Intrigue klar vor der Welt liegt, erst heute weiß ich es allerdings, wie, von wem und in welchem Geist diese »Protokolle« fabricirt werden.

Von der trüben Quelle dieser Protokolle aus mußte also der Doppelschlag gegen mich und — gegen die Gesellschaft erfolgt sein. Das heißt:

Die Schriftleitung der Gesellschaft der Aerzte hat, um mich zu verderben, die Oeffentlichkeit belogen. Und sie hat, um ihren Zweck sicherer zu erreichen und sich gleichzeitig zu salviren, den Namen der Gesellschaft der Aerzte mißbraucht.

Aus der Passivität der Gesellschaft der Aerzte aber ist zu entnehmen, entweder daß sie nicht die Macht besessen hat, diese That zu hindern, oder daß sie schwach genug war, sie zu dulden, oder endlich, daß man auch sie überrascht und verblüfft hat. Ein Protest oder eine offene und ehrliche Zurückweisung des an mir und an ihr geübten Frevels ist jedoch auch später, als die Dinge für alle Welt, also auch für sie, klar sein mußten, nicht erfolgt.

Deshalb war es ein Glück für mich, daß die Lüge gar zu plump erdacht war. Man hat sie schnell durchschaut. Niemand zweifelte daran, daß der gegen mich geführte Dolchstoß eines oder mehrerer Ehrenmänner mit dem Dossier der Gesellschaft der Aerzte nichts zu thun haben konnte. Es lag klar am Tage, daß er die nicht mißzuverstehende Art der Beantwortung von Anklagen war, die ich in meinen Schriften: »Zu Herrn Paltauf's Referat meiner Krebsarbeiten«, »Krebs und Intrigue« und »Clique und Wissenschaft« gegen die Umtriebe einer Coterie erhoben hatte, die innerhalb der Gesellschaft der Aerzte ihr Wesen trieb und jede bessere Regung in derselben erstickte.

Nun hatte sie auch meine Person in ihren Wirbel gezogen.

Daß ich mich ernst und gar noch mit Erfolg um die Wissenschaft bemühte, daß ich in der Gelehrtenwelt Ansehen genoß, Schüler und Publicum mich liebten: das war zwar schon schlimm genug, aber es durfte noch ungestraft hingehen.

Aber: Meine Arbeiten hatten auch Anerkennung im Ministerium gefunden. Das Ministerium hatte es gewagt, ohne Erlaubniß der Clique Forschungen, um derentwillen sie mich selbst, »ausgezeichnet« hatte, thatkräftig zu unterstützen. Es hatte mich zu diesem Zweck gar nach Wien berufen. In Wien hat eines der ersten Häuser mir sofort sein ganz besonderes Vertrauen entgegengebracht. Eine edle Frau hat ihr trauriges Schicksal ganz in meine Hände gelegt und trotz aller Anfechtungen an mir festgehalten. Ich hatte, um ihr zu helfen, alle meine Zeit und meine Kräfte ihr gewidmet, war Tag und Nacht vom Schmerzenslager nicht gewichen und hatte, um meiner Menschenpflicht zu genügen, die man beschwor, des Neides nicht geachtet, der draußen um mich tobte und nach meinem Blute lechzte. Die Edle hatte selbst im Angesicht des Todes daran nicht vergessen, was ich für sie gethan hatte und hat, um mich zu ehren, eine Stätte schaffen wollen — für meine Kranken und für meine Forschung.

Das Alles war offenbar zu viel für arme Krämerseelen. Eine Schlange, die zu den Füßen der Edlen kroch, so lange ihr königlicher Blick sie zähmte, erhob ihr giftgeschwelltes Haupt voll Falschheit gegen mich, als ihrer Hand die Macht entsank, ihren Willen selbst zu schützen. Und was sonst heilig gilt selbst bei den Wilden, die der Todten Willen ehren, hat man entweiht — dem Neid zu Liebe. Und mit der eigenen Ehre und der Pflicht wollte man auch mich noch opfern.

Aber ich hatte Besseres zu thun, als unter Henkershänden zu verbluten. Ich durfte meine Kranken nicht aufgeben, die sich an mich klammerten und meine Arbeiten nicht verlassen, die mich so viel Mühe und Opfer gekostet hatten, für die ich so viel habe leiden müssen und die so verheißungsvoll und noch nicht beendigt waren. Auch wäre es ein Verrath gewesen an meiner Behörde, von dem Posten zu flüchten, auf den sie mich gesetzt hatte, oder gar zu glauben, sie, die Starke, würde mich nicht schützen, wenn meine Pflicht und die Aufgabe, die sie mir gestellt hat, mich in Gefahren brächte.

Daß ich so dachte, war natürlich eine neue Schuld. Die, die gewohnt waren, zu mißhandeln und die Mißhandelten dulden und schweigen zu sehen, sie konnten es nicht vertragen, daß sich Jemand fand, der es wagte, seine Ehre gegen sie zu schützen und ihr ehrloses Thun zu entlarven. Entblößten Angesichts sich vor der Welt am Schandpfahl selbst zu winden, das war freilich nicht nach ihrem Geschmack. Und nun stieß der Mörder zu. An den »entstellten« Protokollen wäre Mancher wohl gestorben.

Ich aber zog es vor, was Vernunft, Moral und öffentliches Gewissen bereits gerichtet hatten, nun auch von den Richtern von Beruf der verdienten Strafe überantworten zu lassen.

An einen der ersten Rechtsvertreter in Strafsachen Oesterreichs, an Herrn Dr. Neuda wandte ich mich zu diesem Zweck und habe in langen Jahren ihn um Hilfe und Schutz gebeten.

Wie unzuverlässig muß doch der Weg des Rechtes sein, wenn dieser erfahrene Mann dringendst vor gerichtlichen Schritten warnte. Und wie mächtig muß doch das Bewußtsein des Rechtes sein, wenn es jede Enttäuschung ohne Bitterkeit und mit Ruhe hinnimmt.

Uebrigens schien mit der Resignation auch äußerlich nichts verloren. Denn die Zeitungen brachten die Nachricht, daß man aus Anlaß meiner Anklagen eine Untersuchung einleiten werde. Ich war entzückt von der Hoffnung, ein abscheuliches Verbrechen, das die Sphären unserer Wissenschaft entweihte, bis in seine Schlupfwinkel verfolgt und das giftige Gezücht, das dort sich eingenistet hatte, aus der sie bergenden Dunkelheit aufgestöbert zu sehen.

Heute wundere ich mich über meinen damaligen Köhlerglauben. Ich habe die Lüge, die mit Macht sich paart, als eine Kraft erkannt, die wie der Frost, das Gift und andere böse Elemente lähmend wirkt. Der Forscher, der Minister, der Richter, sie sehen sie, sie greifen sie und können sie nicht bezwingen. Ja, es will mir sogar scheinen, daß der Wahrheit Lichtstrahl selbst, der kraftvoll sich durch Berge Bahn bricht, vor dem Basiliskenblick der Lüge bleicht und grauend an sich selbst verzweifelt.

Nie ist eine Untersuchung in meiner Sache angestellt worden, weder eine solche, die man versprochen hat, noch von denen eine, um welche ich so oft gebeten habe.

Aber ich habe eine werthvolle Erfahrung dafür eingetauscht. Ein Herz bleibt unverwundbar gegen jeden Schmerz, den man ihm zufügt, wenn es jederzeit den Weg zu einem reinen Gewissen und zur Achtung erprobter Menschen findet.

Ich verdanke dem ersteren meine Haltung und meine Ausdauer in einem der traurigsten Kämpfe, die die Wissenschaft je gesehen hat. Und was das Urtheil der Menschen anlangt, so bin ich stolz darauf, es hier zu sagen, daß ich noch keinem Ehrlichen begegnet bin, der in Kenntniß meiner »Affaire« nicht seiner Entrüstung in den herbsten Worten Ausdruck gegeben hätte. Wie! Einen Mann der Wissenschaft, der in ihr aufgeht, ihr kein Neuling ist und manchen Dienst ihr schon geleistet, verfolgt man seiner wissenschaftlichen Bestrebungen wegen! Man entreißt ihn seiner Thätigkeit, durchtrennt die Wurzeln, die ihn nähren, lockt ihn in den Hinterhalt, legt Fallen ihm und Netze und sucht ihn zu verderben? Und das geschieht in unserem aufgeklärten Jahrhundert, das groß sich dünkt in seiner geistigen Freiheit, — in der Medicin gar, die keine Schranke kennt und jede Fessel abwirft, — und Männer thun es am hellen, lichten Tage, vor aller Welt, die ein Beispiel sein sollen der Jugend, die Zuflucht des Vertrauens der Menschen und die sich brüsten, ihrem Lande, der Wissenschaft, der Medicin und ihrer »Schule« zu dienen! Das alles fanden solche selbst zu stark, die sich sonst für Recht nicht gar zu sehr erwärmen. Und es hat mir Freundschaften eingetragen, die ich gar nicht suchte.

Es erhoben sich aber auch gewichtige und für mich sehr werthvolle Stimmen in meiner Sache.

Schon an anderer Stelle*) habe ich es erwähnt, wie der Präsident
der Wiener Aerztekammer, weiland Herr Regierungsrath Gauster,
mir gewiß nicht ohne Grund schriftlich zum Ausdruck brachte, daß er
es tief bedauere, nicht competent zu sein, gegen meine Gegner vor-
gehen zu dürfen. Ich habe es auch erwähnt, wie er mich tröstete
und mich ermuthigte, auszuharren und die Zeit der Prüfungen zu
überdauern. Denn die Zeit kläre jede Wahrheit.

Die Akademie der Medicin zu Paris wählte mich, gerade als
die Wogen am höchsten gingen (23. Juli 1895), zu ihrem correspondirenden Mitglied. Und der Secretär fügte der Nachricht von
dieser Wahl hinzu, sie möge mir die ganze Hochachtung beweisen,
welche die Akademie für meine Person und meine Arbeiten hege.
Er selbst schätze sich glücklich, der Dolmetsch dieser Gefühle zu sein.
Es scheint, daß diese Kundgebung meine Gegner ganz besonders
schmerzte. Sie sandten einen Specialdelegirten nach Paris — einen
Mann von Namen und Stellung — der persönlich die dortige
Akademie zu einem ähnlichen Streich gegen mich ver-
leiten sollte, wie sie sie selbst ihn in Wien in Scene gesetzt
hatten. Daß dieser artige Plan mißlang, war für die, die ihn
ersonnen, Strafe und Schande zugleich.

Die kühle Aufnahme, die das Gebahren meiner Gegner überall
und namentlich von Seiten der unabhängigen Gelehrten erfahren
hat, — die Qualität Derjenigen, welche ihr verstohlene oder bezahlte
Liebesdienste leisteten (ich werde ein anderes Mal über sie im
Zusammenhang berichten) fiel auch im Schoße der Gesellschaft
der Aerzte auf und erregte dort ein unbehagliches Gefühl, das
nach Ausdruck rang. So evaporirte allmälig die auch von politischen
Blättern ostentativ gebrachte Nachricht, die Gesellschaft der Aerzte
habe beschlossen, ihre Statuten zu ändern.

Diese »Aenderung der Statuten« war zwar keine Heldenthat,
aber sie war auch kein Rebus und sollte unter der Blume ganz
verstohlen der Welt verkünden, die Gesellschaft sei nicht nur mit

*) Krebs und Intrigue. Die Zeit. 1895, 44, 45.

dem, was geschehen war, nicht einverstanden, sie wolle sich sogar vor Aehnlichem auch in Zukunft schützen. Damit hat sie selbst die unter ihrem Namen begangene That nicht nur von sich abgeschüttelt, sondern auch verurtheilt.

Die nichts weniger als schneidige Art, wie sie indessen dieses Urtheil von sich gab, der Umstand, daß sie nicht, wie sie verpflichtet war, klar und vor aller Welt offen mir eine dem geschehenen Verbrechen entsprechende Genugthuung verschaffte, mochte wohl den Uebelthätern behagen, die sie gar zierlich mit Glacéhandschuhen faßte, konnte aber weder diesen etwas schaden, noch mir etwas nützen, und noch viel weniger die beleidigte Moral und das mißhandelte Recht versöhnen.

Die »Neue Revue«, die durch die Veröffentlichung meiner Aufsätze an der mir widerfahrenen Unbill sich mitschuldig fühlte, hielt sich daher für verpflichtet, mir durch die Lüftung der Schleier von den Vorgängen innerhalb der Gesellschaft der Aerzte wenigstens eine kleine Genugthuung zu verschaffen.

Ihr Redacteur, Herr Dr. Wengraf, forschte den Dingen quellenmäßig nach, suchte die Wahrheit auf Grund von Acten und Belegen und war eben im Begriff das Ergebniß dieser Arbeit in seiner Zeitschrift zu publiciren, als ein Ereignis eintrat, welches einen Aufschub dieses Entschlusses erheischte.

Der frühere Bürgermeister von Wien, Herr Dr. Raimund Grübl, begann sich für meine Sache zu interessiren. Er hatte meine in der »Zeit« und in der »Neuen Revue« publicirten Schriften gelesen und wurde an sie durch Zola's »J'accuse« noch besonders erinnert. Er wollte in ihnen den überzeugenden Ausdruck der Wahrheit, die Naivetät des Rechtes und das Bewußtsein der gekränkten Forschung gefunden haben. Das und manches Andere zog ihn an.

In der Art, wie die Gegner gewaltthätig gegen mich, vorsorglich für sich, gedeckt und versteckt die Schlingen auswarfen; in der angekündigten, aber niemals unternommenen oder gar ausgeführten Untersuchung, in der Statutenänderung der Gesellschaft der Aerzte endlich sah er die klaren Beweise für deren Schuld. Und deshalb nahm er sich vor, mir zu meinem Recht zu verhelfen.

Civilisirte Staaten würden von moralischen Grundsätzen
geleitet, so tröstete er mich. An ein von ihrem officiellen Ver-
treter gegebenes Wort fühlten sie sich gebunden. Handle
es sich gar noch um Wissenschaft und Forschung, so trete zur Pflicht
der Ehre noch die der Menschlichkeit hinzu. Wie sollte ein Staat,
der das Beispiel gibt und mit seinen Grundsätzen voranleuchtet,
sich solchen Pflichten entziehen!

Das mir von einem Minister gegebene Versprechen,
mich in meinen Forschungen zu unterstützen, sei auch nicht
in seinen primitivsten Voraussetzungen gehalten worden.
Alles, was in Folge dessen mir widerfahren sei, steigere die Ver-
bindlichkeit derer, die mich in diese Lage gebracht hätten. Schon
nach bürgerlichem Rechte, von dem moralischen gar nicht zu reden,
läge gegen mich eine doppelte Schuld vor: Die Nichterfüllung
eines Versprechens, für das ich meine Ehre, meine Stellung,
meine Existenz, meine Vergangenheit und meine Zukunft eingesetzt
hätte; und die Schädigung, die mir zugefügt worden sei, indem
ich das Opfer der von mir in bestem Glauben befolgten Weisungen
und der dadurch geschaffenen für mich lebensbedrohenden Situation wurde.

Die Schwierigkeit meines Falles läge deshalb gar nicht in
der Erkenntnis des Rechtes, das sonnenklar sei, sondern in der
Auffindung eines kurzen und sicheren Weges zu demselben. Als
solchen empfehle sich nach Lage der Dinge der Weg durch das
Barreau zunächst nicht. Hier ringe sich das Recht durch Schwierig-
keiten und Gefahren hindurch, die besser vermieden würden. An
der Einsicht und dem guten Willen derer, die rechtlich und moralisch
gegen mich verpflichtet seien und die auch die Macht besäßen, mir
Recht zu verschaffen, sei nicht zu zweifeln. Es sei ausgeschlossen,
daß man an solchen Stellen an einem Irrthum oder gar an einem,
wer weiß auf welchem Wege inducirten Fehler aus Rechthaberei,
falscher Scham oder sonstigen unsittlichen Motiven festhalten würde.
Einen begangenen Irrthum nicht anzuerkennen, gebe ihm den Stempel
der Absichtlichkeit, ihn gut zu machen sei nicht nur Pflicht, sondern
auch edel und ruhmvoll. Ich möge Vertrauen zur reinen Auffassung
meines Rechtes und meiner unverdienten Leiden an hohen Stellen

haben und dieses Vertrauen dadurch bekundeu, daß ich, wie bisher, so auch weiter den der Wissenschaft, meiner Person und meiner Sache würdigsten Weg betrete. Das sei der der sachlichen Auf- klärung. Auch widerspenstige und irregeführte Gemüther könnten sich ihrer Macht auf die Dauer nicht entziehen. Sie führe zur Ein- kehr, diese zur Anerkennung des Rechtes. Dann habe das Recht gewonnenes Spiel gegen jedes selbst übermächtige und übermüthige Unrecht. Daß die in meiner Sache schwer compromittirten und der Strafe längst verfallenen Individuen bis jetzt nichts weniger als der verdienten Strafe auch wirklich anheim gefallen seien, das sei allerdings von Böswilligen gegen mich ausgenutzt worden und habe mir auch in den Augen der Uneingeweihten außerordentlich geschadet. — Allein so schmerzlich diese Thatsache für mich auch sei, entmuthigen dürfe sie mich schon deshalb nicht, weil eine solche Entmuthigung gerade im Plane meiner Feinde läge. — Das Unrecht aber, das im neuen Unrecht seine Rettung suche, renne offenen Blickes in sein Verderben. — Und schrecke es in seiner Todesangst nicht mehr vor dem Mißbrauch des Höchsten und Heiligsten zurück, — der Gesetze und noch höherer Potenzen, dann sei es schon verloren. — Denn dieser Mißbrauch sei die sich selbst verrathende Verzweiflungsthat des schuld- bewußten Gewissens.

Herr Dr. Grübl ließ es nicht nur bei Worten bewenden; er ging auch zur That über. Ich erhielt bald an maßgebender Stelle die volle Gewißheit, daß man auch dort im Sinne der Aus- führungen dachte. Es stellte sich im weiteren Verfolg der Dinge sogar heraus, daß Irreführungen persönlicher Natur vorlagen. Sie gipfelten in der Absicht, mich durch einen dreifachen Wall zu isoliren und von der Welt abzuschließen. Das Ministerium, die Facultät und die Aerzteschaft sollten sich dazu hergeben.

Die Macht dieses Planes schien gebrochen. Da starb Herr Dr. Grübl.

Nun wuchsen der Hydra wieder die Köpfe.

Weil es mir nun die Ehre gebietet, mein Recht nicht auf- zugeben, bis ich es gefunden habe; — da der Kampf um das Recht in meiner Sache ein Dienst ist, der über das Persönliche hinaus der Wissenschaft und der Menschlichkeit geleistet wird; — da Diejenigen, welche gegen mich gefrevelt haben, die ihnen aus Rücksicht für das Ansehen ihres Standes von mir mit Selbstüberwindung und unsäglichen Opfern gegebene Frist, gut zu machen, was sie gegen mich und alle Gesetze des Rechtes und der Pflicht verschuldet haben, unbenutzt lassen — und endlich, da eine schmachvolle That nicht länger unaufgeklärt bleiben darf, die an einer großen Körper= schaft als Makel haftet und vielleicht einst der ganzen »Wiener Schule« zur Last gelegt werden könnte, unter deren Schein Unberufene ihr Wesen treiben: — so will ich, bevor ich den letzten Schritt thue und rücksichtslos die Verleumder, Intriganten und Meuchler fremder Ehre der strafenden Gerechtigkeit überantworte, in Folgendem den mir übergebenen Bericht über die inneren Vor- gänge in der Gesellschaft der Aerzte in die Oeffentlichkeit bringen, ihn aus Gründen der Objectivität so lassen, wie ich ihn erhalten habe und nur dort durch sachliche Aufklärungen ergänzen, wo meine intimere Kenntniß der Dinge der Wahrheit diesen Dienst zu leisten verpflichtet war.

Ich kann es natürlich nicht wissen, ob dieser mir grausam abgerungene Schritt die letzte Phase eines Kampfes bilden wird, in welchem nicht zur Ehre unserer Wissenschaft und nicht zum Ruhme der Humanitätsbestrebungen und Moralitätsprincipien unserer Zeit Recht und Wahrheit unterlagen, Gewalt und Lüge siegten.

Aber das weiß ich. Sollte mein mir aufgezwungener Kampf eine Fortsetzung finden, weil ich mein Recht nicht aufgeben kann, dann wird früher oder später die Wahrheit, die sich zwar fesseln und vergewaltigen, aber nicht umbringen läßt, doch siegen. Die Gegenwart aber wird sich in der Geschichte kein Ehrendenkmal gesetzt haben. Und die Zukunft wird staunen, wie Wenige von denen, welche angeblich heute der Wissenschaft dienen, der Wissenschaft zu Hilfe kamen, als sie wirklich in Noth war; wie Viele dagegen mit einer Brutalität sympathi= sirten, die in tödtlicher Angst vor der bereits sichtbaren Niederlage mit krampfverzerrter Faust die sie entlarvende Wahrheit würgte.

Und noch eines weiß ich).

Wird auch diese Faust einmal erlahmen, weil jeder Frevel schließlich an seinen Gewissensbissen, an seiner Lüge und der allgemeinen, wenn auch leider häufig nur zu stillen Verachtung verenbet, dann wird meine Sache, durch den Kampf gestählt und geläutert, doppelt an Kraft gewinnen. Und sie wird nicht nur doppelt segensreich wirken, sondern sie wird auch in ihrem selbst erkämpften Glanze doppelt grell die Schande beleuchten, die es gewagt hat, mit Absicht zu schaden, wo es eine heilige, die allerheiligste Pflicht war, nach Möglichkeit zu helfen.

II.

Die Leser der »Neuen Revue« erinnern sich wol noch des Falles Abamkiewicz. Es war im Sommer 1896.*) Damals veröffentlichte Prof. Dr. Albert Abamkiewicz in dieser Zeitschrift eine Reihe von Aufsätzen unter dem Titel »Clique und Wissenschaft«, welche die Leidensgeschichte einer wissenschaftlichen Entdeckung mittheilten. Er erzählte, wie er dazu gelangt war, im Gegensatze zu den bisherigen pathologischen Krebstheorien die Protozoennatur der Krebszelle festzustellen und auf diesem Wege eine neue Methode zur Behandlung des Krebses zu finden. Es galt nun, die praktische Tragweite des neuentdeckten Princips zu erproben. Zu diesem Zwecke wurde Herrn Prof. Abamkiewicz seitens des Unterrichtsministeriums die werkthätigste Unterstützung, ja sogar die Ueberlassung einer eigenen Klinik in Wien in Aussicht gestellt; er solle jedoch, bis alle hiezu nöthigen Formalitäten erfüllt wären, sich mit dem Krankenmateriale der Hofrath Albert'schen Klinik behelfen, woselbst man ihm mit allem Nothwendigen an die Hand gehen werde.

Bald nach diesen erfreulichen Verheißungen trat jedoch eine Wendung ein. Im Juli 1891 wurde Prof. Abamkiewicz telegraphisch nach Wien berufen und hier theilte man ihm im Unterrichtsministerium mit, die verheißene eigene Krankenabtheilung sei »vorläufig« nicht zu erlangen und das Provisorium an der Albert'schen Klinik werde wohl von längerer Dauer sein müssen. Die Bedenken, die Abamkiewicz geltend machte, wurden beschwichtigt, und so trat er denn bald sein Gastspiel an der Albert'schen Klinik an. Erst später erfuhr er, daß gerade Hofrath

*) Vergl. die Nummern 23—26 im VII. Jahrgang der »Neuen Revue«.

Albert es gewesen war, der die Absicht des Unterrichtsministeriums, ihm eine eigene Krankenabtheilung für seine Krebsuntersuchungen einzuräumen, durch entschiedenes Widerrathen im Obersten Sanitäts-rathe vereitelt hatte. Ebenderselbe Hofrath Albert bot aber frei-willig seine eigene Klinik als Ersatz für die verweigerte besondere Abtheilung an — gewiß ein seltsamer Widerspruch, der jedoch in dem weiteren, mehr als seltsamen Verhalten Albert's seine volle Erklärung fand.

Man muß es in der erwähnten Artikelserie von Adamkie-wicz selbst nachlesen, wie ihm an der Albert'schen Klinik, wo er vom October 1891 bis zum März 1892 arbeitete, mitgespielt wurde, wie man ihn durch kleinliche Chicanen und häßliche Intriguen hinauszuekeln suchte, wie man ihm ein an Quantität und Qualität gleich unzulängliches Krankenmaterial bot, wie man den Fortgang seiner Untersuchungen systematisch vereitelte. Prof. Adamkiewicz ließ sich durch all das nicht irre machen, suchte das, was ihm die Klinik vorenthielt, durch Beschaffung privaten Krankenmaterials wettzumachen und entschloß sich endlich, die Ergebnisse dieser offi-ciell nicht unterstützten Arbeit in der k. k. Gesellschaft der Aerzte — auf einem, wie er hoffte, neutralen Boden — zu demonstriren. Aber auch hieher folgte ihm das collegiale Wohlwollen Hofrath Albert's und einer ihm theils ergebenen, theils von ihm be-einflußten Clique. Mit welchen Mitteln diese Clique innerhalb der Gesellschaft der Aerzte gegen Adamkiewicz arbeitete, auch das findet sich in den erwähnten Artikeln ausführlich dargestellt.*) Da-bei muß jedoch besonders hervorgehoben werden, daß Prof. Adam-kiewicz, so bitter ihn auch diese Erlebnisse stimmen mußten, mit keinem Worte des Tadels oder Angriffs sich gegen die Gesell-schaft der Aerzte wandte, sondern daß in seinen Aufsätzen immer die betreffenden Persönlichkeiten, deren Handlungsweise er rück-haltlos kennzeichnet, genau mit ihrem Namen angeführt sind.

Bekanntlich hat diese in unserer Zeitschrift veröffentlichte Artikelserie »Clique und Wissenschaft« seinerzeit außerordentliches Aufsehen erregt. Daß in den Wiener medicinischen Gelehrtenkreisen

*) Vergl. besonders Nr. 24 der »Neuen Revue«, VII. Jahrgang.

nicht eben die erfreulichsten Zustände herrschen, wußte alle Welt
seit lange. Aber gegen das dort eingebürgerte Cliquewesen, gegen
Nepotismus und Protectionswirthschaft hatte Niemand aus den be-
theiligten Fachkreisen seine Stimme zu erheben gewagt, weil Jeder
fürchten mußte, von dem kleinen Kreise einflußreicher Intriganten
verfolgt und in seiner wirthschaftlichen Existenz schwer geschädigt
zu werden. Adamkiewicz war der Erste, der das Schweigen
brach, und daß es ein Mann von Namen und Ansehen war,
der da mit schonungsloser Offenheit der Clique gegenübertrat,
das verlieh der Sache doppelte Bedeutung. In den von der An-
klage betroffenen Kreisen herrschte Anfangs maßlose Bestürzung.
Aber man faßte sich bald und einigte sich rasch, ganz erstaunlich
rasch über die dem verhaßten Widersacher gegenüber anzuwendende
Taktik. Worin dieselbe bestand, wird man gleich sehen.

Derjenige, den die Hauptwucht der von Adamkiewicz er-
hobenen Anklagen traf, Hofrath Albert, veröffentlichte Zeitungsnotizen und Erklärungen, in welchen er versicherte, er finde es
»nicht der Mühe werth« zu antworten. Gleichzeitig hielt er An-
sprachen an seine Universitätshörer, in denen er die Sache so dar-
stellte, als gälten die Angriffe Adamkiewicz' nicht so sehr seiner
Person, als vielmehr der »Wiener Schule«, und diese müsse er
allerdings vertheidigen, und zwar mit Löwenmuth, während er all
das Unangenehme, was seiner Person gelte, mit vornehmem
Schweigen übergehe... Der nämlichen Taktik, deren sich Hofrath
Albert bediente: im Namen einer angeblich angegriffenen Corpo-
ration ein heroisches Geschrei zu erheben und die in der That ganz
persönlich empfangenen Hiebe ruhig einzustecken, der nämlichen
Taktik bediente sich die ganze von Adamkiewicz angegriffene
Clique, indem sie Mann für Mann in edler Resignation sich duckte
und dafür — die k. k. Gesellschaft der Aerzte in die Kampf-
linie schob. Für den 19. Juni 1896 wurde diese Gesellschaft zu
einer sogenannten »administrativen Sitzung« zusammenberufen. Auf
der Tagesordnung stand die Ausschließung des correspondirenden Mitgliedes Prof. Adamkiewicz. Diese Ausschließung
wurde denn auch, nach dem Antrage des Verwaltungsrathes der
Gesellschaft, kurzerhand angenommen.

Der Fall machte damals viel von sich reden und es erschienen darüber spaltenlange Zeitungsberichte. Man las da von einem »ganzen Actenmateriale«, das dem Verwaltungsrathe der Gesell= schaft vorgelegen habe und durch dessen eingehende Prüfung man zu dem Antrage auf Ausschließung des Prof. Adamkiewicz ge= kommen sei. In der Versammlung selbst, las man, habe der Secretär der Gesellschaft Prof. Bergmeister eine »umfangreiche Anklage= schrift« verleien. Dem Publicum mußte bei alledem natürlich grufeln. »Ganzes Actenmateriale« — »umfangreiche Anklageschrift« — was für ein entsetzlicher Uebelthäter mußte doch dieser Prof. Adam= kiewicz sein und wie nothwendig und gerecht war es daher, einen so gefährlichen Menschen aus einer friedlichen gelehrten Gesellschaft schleunigst zu entfernen! In der That ging der Antrag des Ver= waltungsrathes dahin — so stand wieder in den Zeitungen zu lesen —: Prof. Adamkiewicz sei »ohne jede Debatte aus der Gesellschaft der Aerzte auszuschließen«. Wie energisch, wie jeden Widerspruch von vorneherein zum Schweigen bringend klang das! Und richtig, Prof. Adamkiewicz wurde von der folgsamen Ver= sammlung wirklich »ohne jede Debatte« ausgeschlossen. Nur ein paar kleine formale Einwendungen gab es dabei, die rasch abgethan waren. Und nur 12 Mitglieder stimmten — so wird wenigstens gesagt — gegen die Ausschließung, 115 sollen dafür gewesen sein. Man war sehr rasch fertig.

Natürlich waren wir und mit uns viele andere Leute sehr neugierig, das »ganze Actenmateriale« oder doch zum mindesten die »umfangreiche Anklageschrift« kennen zu lernen, auf Grund deren diese in ihrer Art beispiellose Justification erfolgt war. Wir, die Redaction dieser Zeitschrift, waren schon ganz besonders gespannt denn wir trugen ja die Mitschuld an den verbrecherischen Thaten des Prof. Adamkiewicz. Aber wir kamen mit unserer Neugier schön an! Die k. k. Gesellschaft der Aerzte ließ ganz trocken verlaut= baren, daß die »umfangreiche Anklageschrift« im nächsten — Jahres= berichte der Gesellschaft veröffentlicht werden würde. Man theilte also aller Welt das Verdict mit, die Anklageschrift aber behielt man wohlweislich für sich. Damit hatte es Zeit bis · · zum nächsten Jahresbericht!!

Nun, und so warteten wir denn, weil es nicht anders ging, neugierig, doch geduldig. Im April 1897, dreiviertel Jahre nach der Ausschließung des Prof. Adamkiewicz, die im Juni 1896 geschehen war, erschien der ersehnte Jahresbericht. Wir schlugen ihn auf – aber welche Enttäuschung! Von der ganzen Affaire Adamkiewicz stand nicht ein Sterbenswörtchen darin. Dieser im April 1897 erschienene Jahresbericht reichte nämlich nur bis — März 1896 und was im Juni 1896 geschehen war, davon schwieg der Bericht gewissenhaft. Was blieb uns also übrig? Wir mußten ein weiteres Jahr warten, wieder voll Neugier und wieder voll Geduld. Doch langes Harren wird belohnt. Jetzt, jetzt im Frühjahr 1898 liegt er uns endlich vor, der verheißene Jahresbericht der k. k. Gesellschaft der Aerzte und jetzt, im Jahre 1898 erfahren wir und die Mitwelt endlich, warum im Jahre 1896 Prof. Adamkiewicz aus der k. k. Gesellschaft der Aerzte ausgeschlossen wurde. Die »umfangreiche Anklageschrift« ist da!

Sie ist enthalten — um Alles haargenau festzustellen — in dem »Bericht der k. k. Gesellschaft der Aerzte in Wien über das 60. Gesellschaftsjahr 1896/97«, Wien, im Selbstverlage der Gesellschaft. Auf Seite 5 beginnt das »Protokoll der administrativen Sitzung vom 19. Juni 1896« (Vorsitzender: Hofrath v. Dittel, Schriftführer: Prof. R. Paltauf), aus dessen einleitenden Formalien wir gleich zwei interessante Neuigkeiten erfahren.

Da heißt es erstens: »Das ordentliche Mitglied Herr Professor Dr. Hochenegg und 24 Mitglieder haben mittelst Eingabe ddto. 16. Juni 1896 an das Präsidium der Gesellschaft der Aerzte den Antrag auf Ausschließung des correspondirenden Mitgliedes Herrn Prof. Adamkiewicz gerichtet und das Ersuchen gestellt, diesen Antrag als dringlich zu behandeln.«

Und da heißt es zweitens: »· · daher das Präsidium den Verwaltungsrath zur Berathung und Beschlußfassung für den 19. Juni eingeladen und unter Einem die beiden Secretäre mit der Berichterstattung über diese Angelegenheit beauftragt hat.«

Es ist nun fürs Erste sehr merkwürdig und charakteristisch, daß in den höchst detaillirten Zeitungsberichten, die im Sommer 1896 über die Affaire Adamkiewicz veröffentlicht wurden, mit keiner

Silbe erwähnt war, daß der famose Anschließungsantrag von
Prof. Hochenegg herrührte. Jedermann, der weiß, wie solche Berichte in die Zeitungen kommen, wird das sehr auffallend finden
müssen. Wir haben uns übrigens die Mühe genommen, der Sache
nachzugehen, und kennen die Journalcorrespondenz, die in diesem
Falle die Wiener Blätter bediente, sehr genau. Diese Correspondenz,
deren Specialität medicinische Nachrichten bilden, veröffentlicht nur,
was ihr von den betreffenden Fachkreisen ausdrücklich zu
diesem Zwecke übergeben wird. War also in den Zeitungsnotizen Prof. Hochenegg als Urheber des Anschließungsantrages
nicht genannt, so war das kein Zufall, sondern es geschah zweifellos auf seinen besonderen Wunsch. Man wird weiter unten
erfahren, welchen Grund Herr Prof. Hochenegg in diesem Falle
hatte, die Verschweigung seines Namens zu wünschen; vorläufig
constatiren wir nur, daß er zu Denjenigen gehörte, deren in der
Artikelserie »Clique und Wissenschaft« in nicht eben schmeichelhafter
Weise gedacht war, daß er also, obwohl in der Sache persönlich
als Partei betheiligt, als Ankläger gegen Prof. Adamkiewicz
auftrat und dessen »Ausschließung« beantragte.

Nicht minder interessant ist der zweite, gleichfalls in den
Zeitungsberichten verschwiegene Umstand, daß der Verwaltungsrath
der Gesellschaft der Aerzte »die beiden Secretäre mit der Berichterstattung über diese Angelegenheit beauftragt hat«. Wer sind nämlich
diese beiden Secretäre? Der Eine heißt Prof. Otto Bergmeister,
der Zweite Prof. Richard Paltauf. Nun gehört aber dieser
Prof. Paltauf wieder zu Denjenigen, welche in der Artikelserie
»Clique und Wissenschaft« aufs Schärfste angegriffen worden waren.
Unter Anderem war dort gegen ihn der Vorwurf »frivoler Ver-
leumbdung« erhoben worden; das hinderte ihn aber nicht, die
Rolle des Berichterstatters über den Anschließungsantrag des Herrn
Hochenegg zu übernehmen. Wer fungirt als Ankläger in dem
Processe, den die Gesellschaft der Aerzte gegen Adamkiewicz ein-
geleitet hatte? Ein in die Sache als Partei verwickelter Mann,
Herr Prof. Hochenegg. Und wer fungirt als Berichterstatter?
Wieder ein in die Sache als Partei verwickelter Mann, Herr
Prof. Paltauf. Wahrlich, ein wunderbar objectives Proceßverfahren!

2*

Und nun kommen wir zu der »umfangreichen Anklageschrift«. Sie füllt in dem Jahresbericht der Gesellschaft der Aerzte etwas über fünf Octavseiten aus; davon entfallen eineinhalb Seiten auf Citate aus den Artikeln von Adamkiewicz, und eineinhalb Seiten auf Citate aus der »Klinischen Wochenschrift«, dem Organ der Gesellschaft der Aerzte. Bleiben also wohlgezählte zwei Seiten als imposantes Ausmaß der eigentlichen »umfangreichen Anklageschrift« übrig.

Dieselbe beginnt mit den folgenden feierlichen Sätzen: »Wir wollen von den ehrenrührigen Worten, welche in diesen Artikeln gegen einzelne Mitglieder unserer Gesellschaft enthalten sind, vollkommen absehen, da die Angegriffenen zweifellos selbst in der Lage sein dürften, sich dieser Angriffe zu erwehren, wenn sie dieselben der Achtung werth halten. Wohl aber scheint es uns geboten, auf jene Angriffe und Schmähungen einzugehen, welche gegen die Gesellschaft als solche, sowie gegen einzelne verstorbene Mitglieder derselben gerichtet sind, zumal sich dieselben auf Vorgänge, die sich im Schoße der Gesellschaft abspielten, beziehen.«

Wir haben bereits oben festgestellt, daß die von Adamkiewicz Angegriffenen, obwohl sie »zweifellos in der Lage waren sich zu wehren«, dies nicht gethan haben, sondern die empfangenen Schläge resignirt einsteckten, und daß die Gesellschaft der Aerzte »als solche« von Adamkiewicz überhaupt mit keinem Worte angegriffen worden war. Vielmehr hat sich die Gesellschaft leider in diesem Falle von jenen Leuten, denen zu offenem Kampfe der Muth fehlte, zu einem hinterhältigen Nachacte schnöde mißbrauchen lassen. Daß die Gesellschaft der Aerzte selbst irgend eine Nöthigung gehabt hätte, sich in diese Streitsache zu mengen, darin Partei zu ergreifen und Gericht zu spielen, wird im weiteren Verlaufe der »Anklageschrift« vergebens mit den lächerlichsten Sophismen zu beweisen versucht. Unsere Leser werden Gelegenheit haben, sich über die großartige Logik dieser Ankläger ihr eigenes Urtheil zu bilden.

Die »Anklageschrift« legt das Hauptgewicht darauf, daß die Mittheilungen, die Prof. Adamkiewicz in seiner Artikelserie über eine Erlebnisse an den Demonstrationsabenden der Gesellschaft der Aerzte machte, mit den officiellen Gesellschaftsprotokollen in »Wider-

ſpruch ſeien«. Gleich hier wollen wir bemerken, daß es in den
Zeitungen ſeinerzeit hieß, Herr Prof. Adamkiewicz ſei aus-
geſchloſſen worden, weil er die Protokolle der Geſellſchaft der Aerzte
»entſtellt« hatte. Davon iſt in der »Anklageſchrift« nicht
mehr die Rede. — Etwas »entſtellen« und »ſich in Widerſpruch)
zu etwas befinden« ſind gewaltig verſchiedene Dinge. »Entſtellen«
kann man nur die Wahrheit. »In Widerſpruch ſetzen« aber muß
man ſich beiſpielsweiſe zur — Fälſchung. Der angegebene, und in
den Zeitungen ausposaunte eigentliche Grund der Ausſchließung
war alſo einfach — erlogen. In der ſpontan corrigirten Anklageſchrift heißt es nun: »Die hiebei vorgekommenen Erörterungen und
Widerlegungen, welche die Behauptungen Prof. Adamkiewicz'
ſeitens einzelner Mitglieder unſerer Geſellſchaft gefunden haben,
werden in der erwähnten Artikelſerie in durchaus falſchem, mit
dem Wortlaut des officiellen Protokolls unſerer Geſellſchaftsſitzungen
durchaus nicht übereinſtimmendem Lichte dargeſtellt.« Und
nun folgen Zuſammenſtellungen aus den Artikeln von Adamkiewicz
und aus den Protokollen, welche die angeblichen Unwahrheiten, deren
ſich Adamkiewicz ſchuldig gemacht habe, beweiſen ſollen.

Zuerſt wird folgende Stelle aus ſeiner Artikelſerie wiedergegeben (»Neue Revue« 1896, S. 720): »Als ich dieſen Kranken
am 13. November 1891 in der Geſellſchaft der Aerzte demonſtrirte,
in der ſicheren Erwartung, freudige Anerkennung oder doch zum
mindeſten ein objectives Urtheil zu finden, war ich nicht wenig er-
ſtaunt zu bemerken, wie man in der Discuſſion (Billroth, Kapoſi,
Dittel) gefliſſentlich meiner Bitte auswich, ſich äußern zu wollen,
ob der Krebs reagirt habe, ob eine Wirkung des Cancroins vorliege
oder nicht, und ob es angezeigt ſei, auf Grund der ſichtlichen Re-
ſultate meine Arbeiten zu fördern. Hingegen erging man ſich in
weitläufigen Conſtatirungen darüber, daß der Kranke nicht ‚geheilt'
ſei. Es blieb alſo ſtets dieſelbe Methode: während es mir nur nun
die Anerkennung des gefundenen Princips zu thun war, deſſen
Richtigkeit aus der Thatſache der Krebsreaction hervorging, bewies
man mir immer aufs Neue, daß keine perfecten Heilungen vorlägen . . . . . (Bitte dieſe fünf Punkte zu beachten!) Man wollte
mich eben nicht verſtehen und man erſetzte, was an Argumenten

fehlte, durch Invectiven. Hatte ich es doch gewagt, an wissenschaftlichen Dogmen zu rütteln, an den Wundern des heiligen Chirurgen-
messers zu zweifeln, und, ferne von der Clique, meinen eigenen
Forscherweg zu gehen! Dafür mußte ich bestraft werden. Man wird
noch weiter sehen, wie die in der Gesellschaft der Aerzte dominirende
Clique diese Strafe an mir vollzog.«

Das also ist die erste, von der Anklageschrift beanstandete
Stelle der Artikelserie von Adamkiewicz. Man bemerkt in der
Wiedergabe eine durch Punkte angedeutete Lücke, auf die wir die
besondere Aufmerksamkeit der Leser lenkten. Jedermann wird meinen,
es handle sich da wohl um eine Kürzung aus Raumrücksichten, um
Weglassung einer umfangreichen, aber nebensächlichen Stelle. Aber,
was da weggelassen wurde, sind im Ganzen zwei Zeilen und
es ist ein Satz von entscheidender Wichtigkeit. Er lautet: »Ich erklärte stets, erst am Anfange meines Weges zu sein,
und man warf mir immer wieder entrüstet vor, daß
ich noch nicht am Ende sei.« Warum hat nun die Anklageschrift in ihrer Wiedergabe der incriminirten Stelle gerade diesen
Satz weggelassen? Eben darum, weil er der wichtigste ist, eben
darum, weil er die principielle Stellung von Adamkiewicz in
der Krebsfrage markirt und die Art, wie seine Gegner ihn absicht-
lich mißverstehen wollten, scharf beleuchtet. Man hat da also eine
»Anklageschrift« vor sich, die auf Unwahrheit lautet, und deren
Verfasser sich vor Allem selbst eine gröbliche Fälschung zu
Schulden kommen lassen!

Aber das ist keineswegs die einzige ihrer Art. Da die »Anklageschrift« dem »Angeklagten« eine falsche Darstellung zur Last
legt, die den officiellen Protokollen widerspreche, so sollte man an-
nehmen, diese »Anklageschrift« (die »umfangreiche!«) würde dies
nun durch Mittheilung des vollen Wortlautes des betreffenden officiellen Protokolls erweisen. Statt dessen gibt aber die
famose »Anklageschrift« nur kurze Auszüge aus den Protokollen,
und zwar tendenziös zurechtgemachte Auszüge, in welchen natürlich
die entscheidenden Stellen unterdrückt sind. Um das darzuthun,
werden nun wir unsererseits die officiellen Protokolle der
Gesellschaft der Aerzte citiren.

Zunächst citiren wir, was das officielle Protokoll der Sitzung vom 13. November 1891 (»Wiener klinische Wochenschrift« Nr. 47 vom 19. November 1891) über den in dieser Sitzung gehaltenen Demonstrationsvortrag von Adamkiewicz berichtet. Prof. Adamkiewicz sagte nach diesem Bericht:

»Wir können einen Schnupfen, einen Magenkatarrh, ein Fieber nicht mit Sicherheit heilen und wir sollten auf einmal die Krebse bewältigen können?«

»Aber nicht darauf kam es an, ein Krebsheilmittel zu finden. Schon das war der Kraft und der Arbeit eines Lebens werth, aus der absoluten Negation, in welcher wir uns einer Krebstherapie gegenüber befinden, einmal in die Realität zu treten, in dem vollständigsten Nichts einer Krebsbehandlung einen Fuß breit Erde zu gewinnen ... Wäre erst einmal ein Anfang gemacht, so könnte die Zukunft weitere Fortschritte bringen ...«

»Und diesen Anfang in der Therapie des Krebses habe ich gefunden. Es ist mir gelungen, mit Hilfe eines Mittels, das ich wegen seiner specifischen Wirkung auf den Krebs ,Cancroin' nenne, in den Carcinomen Reactionen anzuregen, die, so minutiös sie auch sein mögen, sich unter günstigen Umständen mit Geduld und Ausdauer zu ansehnlichen therapeutischen Effecten summiren.«

»Bis zu welchem Grade jene Reactionen wirksam sein können, das zu beurtheilen möge Ihnen der Eingangs erwähnte Fall Gelegenheit geben.«

Mit diesen Worten schloß Adamkiewicz, und man wird zugeben, daß er sich mit musterhafter Vorsicht, Zurückhaltung und Bescheidenheit über seine Methode aussprach). Das officielle Protokoll stimmt genau mit dem Satze in der »Neuen Revue« überein: »Ich erklärte stets, erst am Anfange meines Weges zu sein,« demselben Satze, der in der »Anklageschrift« aus durchsichtigen Gründen weggelassen wurde. Wie aber verhielten sich die Gegner des Prof. Adamkiewicz an jenem Discussionsabend der Gesellschaft der Aerzte? Die »Anklageschrift« theilt das, was Billroth, Kaposi und Dittel sagten, in fünfundzwanzig Druckzeilen mit, während im officiellen Protokoll die Rede von Kaposi

allein 150 klein und eng gedruckte Zeilen füllt. Und was reproducirt die »Anklageschrift« aus diesen Reden? Adamkiewicz
beklagt sich in der incriminirten Artikelstelle, man sei in der Discussion gerade dem ausgewichen, worauf es ihm allein ankam,
nämlich sich darüber zu äußern, ob der Krebs auf das Cancroïn
irgendwie reagirt habe; vielmehr habe man ihm die mangelnde
Heilwirkung seines Mittels vorgeworfen. Die »Anklageschrift«
resumirt nun die Rede Billroth's folgendermaßen:

»Billroth erklärt den von Adamkiewicz vorgestellten
Fall für einen typischen flachen Hautkrebs mit centraler Benarbung
und floridem Weiterschreiten des Processes durch Bildung vielfacher
Knötchen und flacher Ulcera in der Umgebung des benarbten Centrums. Da aber in Fällen wie in dem vorliegenden eine Besserung sehr häufig spontan auftrete, so sei dieser Fall nicht
geeignet, als Beispiel für die Behandlungsmethode des Prof. Adamkiewicz irgend etwas zu beweisen.«

Selbst diese tendenziös gekürzte Wiedergabe der Rede Billroth's ist in keiner Weise geeignet, eine »crasse Entstellung der
Thatsachen« zu erweisen, wie sie die Anklageschrift Herrn Prof.
Adamkiewicz vorwirft. Noch viel klarer aber ergibt sich aus
einer ehrlichen Wiedergabe des Wortlautes des officiellen Protokolls, daß Adamkiewicz nichts entstellt, sondern den Sach-
verhalt vollkommen zutreffend dargestellt hat. In dem officiellen
Protokoll heißt es nämlich:

»Billroth erklärt den vorgestellten Fall für einen typischen
flachen Hautkrebs mit centraler Benarbung. Solche centrale Be-
narbungen und Schrumpfungen nach Ausfallen der Epithelwuche-
rungen kommen bei dieser Krankheit sehr häufig spontan vor.
Selten führt eine solche Cicatrisation zu vollständiger Heilung
des carcinomatösen Geschwürs, doch kommt auch das vor. Das
floride Weiterschreiten des Processes documentirt sich in diesem
Falle durch die vielfachen Knötchen und flachen Ulcera in der Umgebung des benarbten Centrums. Die Heilung dieser mildesten
Form von Hautkrebs ist durch Excision, Aetzung, Ausschaben ec.
ziemlich sicher zu erzielen. Ob die Behandlung dieses Patienten
durch Prof. Adamkiewicz überhaupt einen Einfluß auf die Cica-

trijation gehabt hat, dürfte schwer festzustellen sein. Von einer specifischen Wirkung auf das Carcinomgewebe könnte man nur dann sprechen, wenn die Knötchen und Infiltrate, welche dem Anfang der Krankheit entsprechen, vergangen wären. Das hat aber hier nicht stattgefunden, und somit kann man von einer Heilwirkung in diesem Falle überhaupt nicht sprechen. Daß eine theilweise Vernarbung eines Krebsgeschwürs für den Patienten den Werth einer Erleichterung seiner subjectiven Beschwerden hat und in diesem Sinne als eine Besserung bezeichnet werden kann, steht außer allem Zweifel. Da aber in Fällen wie dem vorliegenden eine solche Besserung sehr häufig spontan auftritt, so ist dieser Fall nicht geeignet, als Beispiel für die Behandlungsmethode des Prof. Adamkiewicz irgend etwas zu beweisen. Der Mangel einer richtigen Auffassung der vorliegenden Krankheitsprocesse durch Prof. Adamkiewicz dürfte wohl daraus erklärlich sein, daß Prof. Adamkiewicz noch nicht viel Gelegenheit hatte, solche Fälle längere Zeit klinisch zu beobachten. Hofrath Billroth lehnt dann die Bemerkungen des Prof. Adamkiewicz über die absolute Negation, in welcher wir uns einer Krebstherapie gegenüber befinden sollen, aufs Entschiedenste ab. Es beweise das nur die Nichtbeachtung der einschlägigen Literatur aller Zeiten 2c.« (Folgt eingehende Polemik über diesen Punkt.)

Jeder unbefangene Leser wird zugeben, daß nach dieser polemischen Rede Billroth's die Klage Adamkiewicz' völlig gerechtfertigt war: »Während es mir nur um die Anerkennung des gefundenen Princips zu thun war, dessen Richtigkeit aus der Thatsache der Krebsreactionen hervorging, bewies man mir immer aufs Neue, daß keine perfecten Heilungen vorlägen. Ich erklärte stets, erst am Anfange meines Weges zu sein, und man warf mir immer wieder entrüstet vor, daß ich noch nicht am Ende sei.«

Was wird man aber erst zu diesen Auslassungen der Koryphäe Billroth sagen, wenn wir verrathen, daß derjenige Kranke, bei welchem Billroth jede Heilwirkung der Methode von Adamkiewicz leugnete, weil bei solchen Kranken auch »spontane« Besserungen vorkämen, ein Kranker gewesen ist, dem vorher Billroth selbst die Herausnahme des Auges angerathen hatte, weil es angeblich keinen andern Weg ihn zu retten gegeben haben soll. Als also Herr Dr. jur. Grab (Brünn) — denn um diesen Kranken handelte es sich — mit seinem Krebs am Auge Herrn Billroth consultirte, war dieser Krebs unheilbar und forderte die Herausnahme des Auges. Als aber Herr Prof. Adamkiewicz denselben Krebs ohne Herausnahme des Auges zur Vernarbung und zum Stillstand gebracht hatte und ihn in der Gesellschaft der Aerzte demonstrirte, war es ein Ulcus rodens, das auch »spontan« heilt. — Man kann Näheres hierüber nachlesen in Adamkiewicz: Untersuchungen über den Krebs, S. 86, »Wiener medicinische Presse«, 1891, Nr. 50 und in eigenhändigen Briefen des Herrn Dr. Grab, die sich im Besitz des Herrn Prof. Adamkiewicz befinden.

Man muß sich also fragen: Warum hat Billroth einen von Adamkiewicz sichtlich gut beeinflußten Krebs für ein »spontan heilendes« Ulcus rodens erklärt, wenn er selbst bei diesem Falle vorher die radicale Operation vorgeschlagen hat? Oder warum hat Billroth eine radicale Operation vorgeschlagen, wenn — es sich um ein »spontan heilendes« Ulcus gehandelt hat?

Herr Prof. Adamkiewicz hat diese Gegensätze aus Zartgefühl verschwiegen. Das mag zeigen, wie wahrheitsliebend die Clique ist, die Adamkiewicz gerade die — Unzartheit gegen die Autoritäten vorwirft.

Was von den Aeußerungen Billroth's, das gilt auch von den Aeußerungen Kaposi's und Dittel's, selbst in der tendenziös gekürzten Form, wie die »Anklageschrift« sie reproducirt. Diese »Anklageschrift«, die Fälschungen und crasse Entstellungen nachweisen will und diese Sünden selbst in jeder Zeile begeht, glaubt einen besonderen Trumpf auszuspielen, indem sie aus dem officiellen Sitzungsprotokoll der Gesellschaft der Aerzte Nachfolgendes hervorhebt:

»Besonders wichtig ist die Aussage Rudolf Frank's, welcher über seine Beobachtungen an den zwei von Prof. Adamkiewicz an der Klinik Albert behandelten Fälle berichtet. An den Epitheliomen konnte Frank nie irgend eine als Reaction zu deutende Veränderung wahrnehmen, obwohl er die Fälle genau beobachtete.«

Nun hat es aber erstens Adamkiewicz in der incriminirten Artikelstelle gar nicht der Mühe für werth gefunden, diesen Rudolf Frank als eine an der Discussion betheiligte Person überhaupt zu nennen, und zweitens bezog sich die »besonders wichtige Aussage« dieses Rudolf Frank (Assistenten an der Klinik Albert's!) auf Fälle, die an dieser Klinik behandelt worden waren, und berührte mit keinem Worte den in der Gesellschaft der Aerzte vorliegenden Fall. Eine »Aussage«, die von Adamkiewicz gar nicht erwähnt wurde, kann er doch auch nicht »entstellt« haben, und eine »Aussage«, die mit dem vorliegenden Fall gar keinen Zusammenhang hat, kann für dessen Beurtheilung doch unmöglich »besonders wichtig« sein. Man sieht hier deutlich, wie die Clique-leidenschaft dem Verfasser der »Anklageschrift« völlig den Kopf verwirrt.

In dem ersten Punkte, in welchem die »Anklageschrift« Herrn Prof. Adamkiewicz »falsche Darstellung« und »crasse Ent-stellung der Thatsachen« nachweisen wollte, ist also der Nachweis völlig mißglückt. Nun folgt Punkt zwei.

Adamkiewicz schrieb in der »Neuen Revue«: »Die geschil-derten Vorgänge gelegentlich meiner ersten Demonstration in der Gesellschaft der Aerzte ermuthigten Herrn Hofrath Albert, einen neuerlichen Vorstoß gegen mich zu wagen. Er richtete an den Prä-sidenten der Gesellschaft ein Schreiben, das öffentlich verlesen wurde und worin nach Heroldsart der Aerztewelt kund und zu wissen ge-than ward, sie möchte sich keinerlei Hoffnungen bezüglich meines Krebsheilmittels hingeben.«

Die »Anklageschrift« reproducirt nun, um wieder eine »crasse Entstellung« am Schopf zu packen, den Wortlaut jenes Albert'schen Briefes. Er lautet:

»Hochzuverehrender Herr Präsident! Durch eine Sitzung des Rigorosencomité verhindert, in der heutigen Sitzung der k. k. Ge-sellschaft der Aerzte zu erscheinen, bitte ich im Hinblick auf die in der vorigen Sitzung stattgefundene Erörterung eines Falles von Epitheliom, den Herr Prof. Adamkiewicz an meiner Klinik behandelt, der geehrten Gesellschaft bekanntzugeben, daß ich bei diesem Falle nicht nur keinen Heilerfolg, sondern auch keine

Veränderung im Krankheitsbilde beobachten konnte, die nicht beim natürlichen Verlaufe der Krankheit vorkommt. Hochachtungsvoll ergebener Albert.«

Nun? Und?! Welche Thatsachen sind da craß entstellt? wird man verwundert fragen. Ein derartiger Brief, öffentlich vorgelesen und dann im officiellen Sitzungsprotokoll in der »Klinischen Wochenschrift« abgedruckt, das ist doch nichts Gewöhnliches. Der Brief hatte keinen anderen Zweck und konnte keinen anderen haben als den, Prof. Adamkiewicz in der wissenschaftlichen Welt zu discreditiren. Notabene war der in dem Briefe erwähnte Fall von Epitheliom in der Gesellschaft der Aerzte nur von einer Person »erörtert« worden, diese eine Person aber war Frank, Albert's Assistent, und an diese »Erörterung« anknüpfend schrieb Albert seinen Heroldsbrief. Kann dessen Tendenz da zweifelhaft sein? Nicht im mindesten. Die »Anklageschrift« hat also mit dem Albert'schen Briefe nur ein Document producirt, das für Adamkiewicz den Werth eines testimonium veritatis besitzt.

Weiter: Punkt drei. Die »Anklageschrift« incriminirt folgende Artikelstelle von Adamkiewicz:

»Als ich nun diese Kranke am 5. Februar 1892 vorführte, bei welcher über dem linken Schlüsselbein eine seit September bis zu Kinderfaustgröße gewachsene Krebsgeschwulst auf meine Injectionen hin und unter den Augen des behandelnden Arztes (Dr. v. Winnicki) im Laufe von 14 Tagen bis auf unsichtbare Reste geschwunden war, griff Herr Hofrath Billroth, der der Sitzung präsidirte, in die kranke obere Schlüsselbeingrube der Patientin und erklärte unter sichtlicher Aufregung, die ihm die Blässe ins Gesicht und den Schweiß auf die Stirne trieb, die Kranke sei nicht nur nicht geheilt, sondern überhaupt gar nicht mit Krebs behaftet. Herr Hofrath Kundrat fand sich sofort bereit, dieser Ansicht, wenn auch gegen seine sonstige Gewohnheit recht kleinlaut, beizustimmen.«

Gegen diese »Tiraden«, wie die Anklageschrift die streng thatsächlichen Vorbringungen von Adamkiewicz nennt, wird nun wieder das officielle Protokoll der betreffenden Sitzung ins Treffen geführt. Und zwar wird diesmal — ausnahmsweise — das officielle Protokoll nicht gefälscht, auch nicht tendenziös excerpirt,

sondern richtig wiedergegeben. Der Grund dieser auffallenden Cor-
rectheit ist der, daß das officielle Protokoll, das sonst eher zu weit-
schweifig als zu kurz gefaßt zu sein pflegt, über diese Demonstration
vom 5. Februar 1892 und die sich daran schließende Discussion
im ganzen nur 18, sage achtzehn Zeilen enthält. Damals hatte
Adamkiewicz sich eben bereits die Ungnade der Clique zugezogen
und mußten daher seine wissenschaftlichen Leistungen und die sich
daran knüpfenden Erörterungen mit möglichst wenig Zeilen abgethan werden. Und was enthalten nun diese 18 Zeilen zur Ent-
kräftung seiner »Tiraden«? Man lese und urtheile:

»Kundrat meint, es entstehe zuerst die Frage, ob dies überhaupt Carcinomrecidiven waren; man könnte denken, daß es Schwellungen von Lymphdrüsen oder Abicesse wären. Adamkiewicz be-
tont, daß die Diagnose auf Carcinoma mammae cum glandulis
lautete und daß man daher wohl nicht an Carcinom zweifeln könne.
Kundrat erwidert dagegen nochmals, daß man daran denken müsse,
daß es auch andere Schwellungen sein können und daß erst in
zweiter Linie die Frage stehe, welche Wirksamkeit das eingeschlagene
Verfahren auf dieselben hatte. Billroth glaubt auch, daß diese
Art Anschwellungen etwas ganz Außerordentliches sein müßten,
wenn sie Carcinom wären. Das Carcinom geht immer von Drüsengruppe zu Drüsengruppe, nicht sprungweise, wie dies hier der Fall
ist. Das Auftreten dieser isolirten Drüsen in dieser entfernten
Gegend ohne das Auftreten von Schwellungen der Zwischenglieder
wäre etwas ganz Außerordentliches.«

Das also ist das officielle Protokoll. Es geht daraus hervor,
daß sowohl Billroth wie Kundrat bestritten, daß ein Carcinom
vorliege, und das ist der entscheidende Punkt. Enthält die
Darstellung von Adamkiewicz etwas Anderes als das officielle
Protokoll? Nein, mit keinem Worte. Daß Billroth dabei auf-
geregt und Kundrat kleinlaut gewesen, ist freilich aus dem officiellen Protokoll nicht zu ersehen.*) Derlei psychologische Details

*) Adamkiewicz hat bereits in der »Neuen Revue« die Anmerkung
beigefügt, die wir hier wiederholen: »So peinlich es mir ist, hier auch von
Verstorbenen zu sprechen, so macht es doch die historische Darstellung der Be-
gebenheiten leider unvermeidlich.«

werden eben leider nicht protokollirt. Nur in einem Punkte wider-
spricht das Protokoll der Darstellung von Adamkiewicz: Nach
dieser hätte zuerst Billroth und dann Kundrat gesprochen, nach
dem officiellen Protokoll sprach zuerst Kundrat und dann Billroth. Man wird es Adamkiewicz hoffentlich verzeihen, daß er
in den vier Jahren, die zwischen jener Sitzung und dem Erscheinen
der Artikelserie »Clique und Wissenschaft« lagen, die ungeheuer
wichtige Reihenfolge der Redner etwas vergessen haben sollte. Sollte
etwa darin, daß er Billroth vor Kundrat sprechen ließ, statt um-
gekehrt, die »Tirade«, die »crasse Entstellung« liegen? Das ist doch
albern bis zur Lächerlichkeit, wenn das Protokoll Recht hätte, und
einfach indiscutabel, wenn das Protokoll sich irrt.

Herr Prof. Adamkiewicz theilt uns aber mit, er habe auch
heute noch die Situation vom 5. December 1892 vollkommen klar
vor Augen. — Er sprach von dem Podium herab, auf dem Billroth
als Präsident saß und sofort nach ihm das Wort ergriff. — Kundrat
aber habe erst gesprochen, als Prof. Adamkiewicz sich bereits
auf seinem Sitz befunden habe. Es kann aber sein, daß Prof.
Billroth nach Kundrat das Wort noch zum zweiten Male er-
griffen habe.

Durch das officielle Protokoll ist also die Hauptsache festgestellt und bestätigt, daß sowohl Billroth, wie Kundrat in
jener Discussion vom 5. December 1892 das Vorhandensein von
Carcinom bestritten haben. Warum ist aber in der »Anklageschrift« der hierauf bezügliche weitere Passus der Artikelserie von
Adamkiewicz, der sich unmittelbar an die incriminirte Stelle an-
schließt, wieder unterdrückt worden? Warum citirt die »Anklageschrift« nicht seinen Text ebenso correct und ausführlich, wie
wir hier die officiellen Protokolle citiren? Man wird gleich sehen,
warum.

Die in der »Anklageschrift« weggebliebene Fortsetzung der incriminirten Stelle lautet nämlich (»Neue Revue«, 1896, S. 721):

»Ich ließ darauf die Kranke sich entblößen, wies auf die an Stelle
der operativ entfernten linken Brustdrüse quer verlaufende finger-
breite Narbe hin und bat die Kranke, vor dem versammelten Audi-
torium den Ursprung der Narbe aufzuklären. Die Operation, sagte

sie, sei an ihr in der Klinik des Hofraths Albert vorgenommen worden, und zwar — wegen Krebs! Der in der Sitzung anwesende damalige Assistent der Albert'schen Klinik, Docent Dr. Hochenegg, hatte die Operation selbst ausgeführt; ich ersuchte ihn nun, sich darüber auszusprechen, ob ich in der Annahme, daß ein Carcinom vorliege, irre oder nicht. Er schwieg. Erst am nächsten Tage beantwortete er meine mündliche, öffentliche Anfrage mit der privaten, schriftlichen Mittheilung, daß die Krebsnatur der Geschwülste keinem Zweifel unterliege. Ich habe die betreffende Karte des Herrn Dr. Hochenegg sorgfältig aufbewahrt. Sie ist dessen werth.«

Da es Herr Prof. Hochenegg war, der, wie früher erwähnt, in der Gesellschaft der Aerzte den Antrag auf »Ausschließung« von Adamkiewicz einbrachte, wollen wir heute den interessanten Wortlaut jener Zuschrift mittheilen, die er nach jener Discussion in der Gesellschaft der Aerzte an Adamkiewicz gerichtet hatte. Sie lautet wörtlich:

»Sehr geehrter Herr Professor! Beiliegend übersende ich Ihnen die gewünschte Krankengeschichte, der leider kein mikroskopischer Befund beiliegt, aber es kann kein Zweifel sein, daß es sich um Carcinom gehandelt hat. Daß ich die Patientin nicht vor Ihrer Behandlung sah, ist sehr schade, sonst hätte ich Ihrer Demonstration etwas beifügen können. Mit den besten Empfehlungen Ihr sehr ergebener Docent Dr. Julius Hochenegg.«

Die Ausrede, mit der Hochenegg in dieser Zuschrift sein Schweigen in der Gesellschaft der Aerzte begründet, ist eine sehr windige. Er war überzeugt, daß Carcinom vorliege und schwieg dennoch, als dies von Billroth und Kundrat bestritten wurde. Muthvoll ist ein solches Betragen nicht. Herr Prof. Hochenegg, dem es offenbar sehr fatal war, ein paar Jahre später an diese Charakterprobe erinnert zu werden, beeilte sich zur Revanche, einen Ausschließungsantrag gegen Adamkiewicz einzubringen. Dazu war er tapfer genug.

Nun zum vierten Punkte der »Anklageschrift«. Es heißt da:

»Die lügnerischen Entstellungen Adamkiewicz' gehen aber noch weiter. Er gibt auf Seite 722 an, daß Billroth hierauf

in der Gesellschaft der Aerzte einen Cyflus von Vorträgen eröffnete, welche beweisen sollten, daß der Krebs eigentlich ganz von
selber heile, während er gleichzeitig telegraphische Privatanfragen,
die an ihn gelangt sein sollten, in den Journalen dahin beantwortete,
daß er einen von mir (Adamkiewicz) „geheilten‘ Krebsfall bisher
nicht zu Gesicht bekommen habe.‹

Das Wörtchen ›hierauf‹ in diesem Passus der »Anklageschrift« ist wieder eine ganz artige kleine Fälschung. Es soll nämlich
der Anschein erweckt werden, als ob diese Vorwürfe gegen Billroth
in unmittelbarer Verbindung mit dem früher erwähnten Discussionsabend in der Gesellschaft der Aerzte ständen. Adamkiewicz erzählt
aber in seiner Artikelserie von der weiteren Entwicklung des dort
vorgestellten Carcinomfalles und von Publicationen über diesen Fall,
von denen jedoch Niemand Notiz genommen habe. Dann fährt er
fort: »Dagegen hatten sie eine andere, weniger erwartete Folge.
Hofrath Billroth ,eröffnete‘ nämlich in der Gesellschaft der
Aerzte einen Cyflus von Vorträgen‹ u. s. w. Man sieht, welche
Perfidie in diesem unscheinbaren Wörtchen ›hierauf‹ liegt. In der
»Anklageschrift« wird Alles unterdrückt, was für Adamkiewicz
spricht, der logische Zusammenhang seiner Darstellung wird zer-
rissen, hingegen wird zwischen den herausgerissenen Stücken durch
solch ein ›hierauf‹ ein künstlicher, lügenhafter Zusammenhang hergestellt, der den »Angeklagten« compromittiren soll.

Die »Anklageschrift« constatirt nun mit einem außerordent-
lichen Aufwand an Entrüstung, daß Billroth in der Gesellschaft
der Aerzte nicht einen Cyflus, sondern nur einen Vortrag, und
zwar über einen Fall von spontan entstandener Krebsnarbe am
27. Jänner 1893 gehalten habe. Prof. Adamkiewicz hätte sich
also in diesem Punkte geirrt. Nun hat sich aber Prof. Adamkiewicz gar nicht geirrt und konnte nichts Anderes behaupten, als
wofür er auch heute noch einsteht. Billroth bat vor der Tagesordnung um das Wort, um über ›Spontanheilungen‹ des Krebses
zu sprechen. Er demonstrirte einen solchen Fall an einer mit-
gebrachten Abbildung und versprach, nach und nach einen ganzen
»Cyflus« solcher Fälle zu besprechen. Prof. Adamkiewicz war
also vollkommen berechtigt zu sagen, Billroth ›eröffnete‹ einen

»Cyllus« von Vorträgen, welche beweisen sollten, daß der Krebs eigentlich von selbst heilt. Daß Billroth sein Versprechen nicht gehalten hat, ist seine Sache und nicht die des Prof. Adamkiewicz. Aber man erkennt auch an diesem Beispiel, wessen Männer der Wissenschaft fähig sind, denen der moralische Tod vor Augen schwebt. Im Uebrigen kam es gar nicht darauf an, ob ein oder mehrere Vorträge gehalten wurden, sondern darauf, welche Tendenz der oder die Vorträge hatten, und was sie wirklich bewiesen. Indem Billroth im Anschluß an die Demonstrationen von Prof. Adamkiewicz einen Cyklus von »Spontanheilungen« des Krebses eröffnete, wollte er den von Adamkiewicz künstlich erreichten Erfolg herabsetzen, gab also stillschweigend zuzusagen einen Erfolg zu, den er früher direct immer geleugnet hat. Und was Herr Billroth sonst noch beabsichtigte, das wird deutlich dadurch illustrirt, daß uns aus jenen Tagen ein Berliner Zeitungsausschnitt folgenden Inhalts vorliegt.

»Mehrere Berliner Krebskranke fragten in den letzten Tagen bei Professor Billroth in Wien an, ob sie sich der von dem Krakauer Professor Adamkiewicz vorgeschlagenen Cur unterziehen sollten. Hofrath Billroth erwiderte, wie aus Wien telegraphisch gemeldet wird, er habe bisher noch keinen von Adamkiewicz geheilten Krebskranken gesehen.«

Wer über die Mache von Zeitungsnotizen nur einigermaßen unterrichtet ist, wird sofort erkennen, daß diese Publication nur von Billroth selbst veranlaßt sein konnte. Daß aber eine derartige Methode, wissenschaftliche Gegnerschaften auszutragen, nicht eben die loyalste ist, darüber ist wohl nicht zu streiten. Läge gar nichts weiter zur Sache vor als diese Zeitungsnotiz, sie allein würde genügen, um die Beschwerden, die Adamkiewicz gegen Billroth erhebt, zu rechtfertigen.

Solche Lappalien aber, wie die Frage, ob bei einer Discussion Billroth oder Kundrat zuerst den Mund aufgethan, ob über einen Gegenstand ein oder mehrere Vorträge angeblich gehalten sein sollten — solcher kindischer Kram ist es, mit dem die »Anklageschrift« den größten Lärm macht. »Diese erfundene Thatsache — Veranstaltung der Vorträge — (so jammert die »Anklageschrift«·

ist geeignet, neuerdings das Ansehen der Gesellschaft herabzusetzen, ja sie zu beleidigen, indem daraus die Anschauung erregt wird, daß die k. k. Gesellschaft der Aerzte kein objectives Urtheil habe, sondern sich durch besonders arrangirte Vorträge von Seite einer ihn verfolgenden Clique hätte mißbrauchen lassen.«

Abgesehen von dem schauderhaften Stil dieser Beweisführung — in Mißhandlungen der deutschen Grammatik leistet die »Anklageschrift« überhaupt Außerordentliches — muß wohl auch deren haarsträubende Logik Staunen erregen. Adamkiewicz hat nirgends von »besonders arrangirten« Vorträgen Billroth's gesprochen, sondern nur von Vorträgen, die eine bestimmte Tendenz hatten. Und zu behaupten, Billroth habe in der Gesellschaft der Aerzte Vorträge von einer bestimmten Tendenz gehalten, heißt das Ansehen dieser Gesellschaft herabsetzen, sie beleidigen? Das ist doch einfach blödsinnig! Oder war der besagte »Cyklus« von Vorträgen über Spontanheilungen des Krebses tendenzlos und — nicht vielleicht doch bestellt? Qui s'excuse, s'accuse.

Wir kommen nun zum letzten Punkte der »Anklageschrift«, Punkt fünf. Er ist der heiterste von allen. Man höre nur: »Die Behauptung des Prof. Adamkiewicz, daß er auf seine Krebsforschungen hin zum correspondirenden Mitglied der k. k. Gesellschaft der Aerzte erwählt worden ist (S. 747), beruht ebenfalls auf Unwahrheit, derselbe wurde vielmehr auf Grund mehrerer Vorträge, die Adamkiewicz vor dem Jahre 1891 über andere Themata (Sitzung vom 9. Jänner 1895: »Die anatomischen Veränderungen des Rückenmarkes bei Tabes nach neueren Untersuchungen«, »Ueber Hirndruck«) in der k. k. Gesellschaft der Aerzte gehalten hat, »entsprechend einem bestehenden Usus« zum correspondirenden Mitgliede ernannt; das geht übrigens auch daraus hervor, daß jene Arbeit in der Sitzung der Akademie der Wissenschaften vom 12. März überreicht worden ist, während die Wahlvorschläge bis Ende Februar, bei dem damaligen Gebrauche sogar früher eingebracht wurden.«

Die »Anklageschrift« behauptet also, Adamkiewicz sei zum correspondirenden Mitglied der Gesellschaft der Aerzte gewählt worden auf Grund von Vorträgen, die er vor dem Jahre 1891 dort gehalten, und dann wird das Datum einer dieser Vorträge angegeben: 9. Jänner 1895. Natürlich ein Druckfehler, wird der Leser lächelnd meinen. Aber darf gerade an einer Stelle, wo eine Jahreszahl als Beweismittel dienen soll, ein Druckfehler vorkommen? Man wird diesen Druckfehler doppelt merkwürdig finden, wenn man erst die richtigen Daten der von Adamkiewicz in der Gesellschaft der Aerzte gehaltenen Vorträge, auf Grund deren er angeblich zum correspondirenden Mitglied gewählt worden wäre, erfahren wird. Der Vortrag über Tabes wurde gehalten am 9. Jänner 1885 (nicht 1895), die Vorträge über Hirndruck am 9. November 1883 und am 28. März 1884. Zum correspondirenden Mitgliede der Gesellschaft wurde Adamkiewicz in der Sitzung vom 20. März 1891 gewählt und ihm dies mittelst Schreibens vom 2. Mai 1891, unterzeichnet von Billroth und Bergmeister, mit getheilt. Nun ist es doch eine offenbare Unmöglichkeit, daß die im Jahre 1891 erfolgte Ernennung zum correspondirenden Mitglied die Wirkung von Vorträgen war, die sechs bis acht Jahre früher gehalten worden waren (1883—1885). Jeder Leser hätte diese auffallende Ungereimtheit auch sofort bemerkt, wenn in der Anklageschrift das Datum der betreffenden Vorträge richtig angegeben wäre. Und deshalb findet man bei dem einen Vortrag (über Hirndruck) überhaupt kein Datum und bei dem andern (über Tabes) ein falsches Datum (1895) angegeben. Das ist die Geschichte eines »Druckfehlers«! Sie ist kleinlich bis zur Widerwärtigkeit, aber sie charakterisirt den Geist der Verfasser dieser »Anklageschrift«.

Als weiteren Beweis dafür, daß die Ernennung des Prof. Adamkiewicz zum correspondirenden Mitglied nicht auf Grund seiner Krebsforschungen erfolgt und daß seine diesbezügliche Behauptung eine Unwahrheit sei, führt die »Anklageschrift« an, daß »jene Arbeit in der Sitzung der Akademie der Wissenschaften vom 12. März überreicht worden ist«, während die Wahlvorschläge der Gesellschaft der Aerzte bis Ende Februar eingebracht wurden. »Jene Arbeit«! Welche Arbeit? Und »die Sitzung der Akademie der Wissenschaften vom 12. März«! In welchem Jahre? Gerade dort, wo die Anklageschrift einen chronologischen Beweis führen

— 36 —

will, läßt sie consequent die Jahreszahlen weg oder bringt
falsche, und erzeugt so eine absichtliche — Confusion. Wir werden
aber Klarheit in diesen Wirrwarr bringen. »Jene Arbeit« wurde
allerdings in der Sitzung der Akademie der Wissenschaften vom
12. März, nämlich 1891 überreicht, aber in dem betreffenden
Sitzungsbericht (Akademischer Anzeiger 1891, Nr. VII) heißt es
wörtlich: »Herr Prof. Dr. A. Abamkiewicz in Krakau übersendet
eine vierte Mittheilung unter dem Titel: »Die Principien einer
rationellen Behandlung der bösartigen Geschwülste (Krebse) und
die Reactionsfähigkeit derselben«. Dieser vierten Mittheilung von
Abamkiewicz müssen drei andere über seine Krebsforschungen
vorangegangen sein. Und sie sind es in der That, u. zw. in den
Sitzungen der Akademie der Wissenschaften vom 6. Juni 1890,
20. November 1890 und 19. Februar 1891 (Akademischer Anzeiger
1890, Nr. XIII XXIV 1891, Nr. V). Und nun möge auf
Grund dieser chronologischen Daten jeder Mann von gesundem
Menschenverstande sagen, ob die am 20. März 1891 erfolgte Ernennung des Prof. Abamkiewicz zum correspondirenden Mitgliede
der Gesellschaft der Aerzte auf Grund seiner Publicationen über
Krebsforschung (Juni 1890 bis März 1891) oder auf Grund
von Vorträgen geschehen sei, die er 6—8 Jahre früher (1883
bis 1885) gehalten hat!

Nachdem die »Anklageschrift« solchermaßen mit ihren chronologischen ebenso wie mit ihren logischen Künsten Schiffbruch gelitten,
kommt sie zu folgendem Resumé:

»Es stellt sich demnach heraus, daß Prof. Abamkiewicz,
dem die Gesellschaft ihre Pforten gastlich (!) öffnete ... diese Gast-
freundschaft damit lohnte, daß er nunmehr vor die Oeffentlichkeit
tritt mit einer Reihe von falschen, den Thatsachen widersprechenden
Anschuldigungen, die geeignet scheinen, die Meinung zu verbreiten,
daß die Gesellschaft den wissenschaftlichen Bestrebungen des Prof.
Abamkiewicz von vorneherein feindlich gegenüberstand und unter
der Herrschaft einer angeblichen Clique darauf ausging, wahres
Verdienst zu schmälern und zu unterdrücken.... Er steht nicht an,
mit Invectiven ... gegen die ganze Gesellschaft in ihrem
Wesen und Treiben aufzutreten, ja er wagt es ... uns Allen

bei unſerer wiſſenſchaftlichen Arbeit gemeine Motive zu unter-
ſchieben.«

So viel Worte, ſo viel Lügen. Adamkiewicz hat einzelne
Perſonen, er hat eine Clique, deren Angehörige er Mann für
Mann kennzeichnete, aufs Schärfſte angegriffen und er hat jede
ſeiner Beſchuldigungen genau und eingehend begründet. Aber mit
keiner Silbe hat er einen Vorwurf gegen die k. k. Geſellſchaft
der Aerzte erhoben. Die Wahrheit iſt vielmehr, daß die einzelnen
Angegriffenen, zu feig, ſelbſt auf den Kampfplatz zu treten, und
außer Stande, ſich zu verantworten, ſich hinter die Geſellſchaft der Aerzte verſteckt haben und dieſe ſchnöde miß-
brauchend einen perſönlichen Racheact vollſtrecken laſſen
wollten. Die ganze »Anklageſchrift« mit ihren tendenziöſen Aus-
laſſungen und Textfälſchungen, mit ihren abſichtlichen Druck-
fehlern und abgeſchmackten Sophismen, iſt nichts als eine Kette
von Beweiſen für die Unlauterkeit der Verfolger und die
Redlichkeit des Verfolgten. Wir ſind dieſer »Anklageſchrift«
Punkt für Punkt und Satz für Satz nachgegangen, und was iſt
ſchließlich von der ſeinerzeit ſo reclamehaft ausgeſchrieenen »umfangreichen Anklageſchrift« mit ihrem »ganzen Actenmateriale« übrig
geblieben? Zwei furchtbare und nicht einmal bewieſene Thatſachen:
Erſtens, daß Adamkiewicz behauptet hatte, in einer Discuſſion
habe zuerſt Billroth und dann Kundrat geſprochen, während die
Reihenfolge der Redner angeblich die umgekehrte geweſen ſein ſoll,
und zweitens, daß Billroth nur einen Vortrag gehalten habe
und nicht mehrere Vorträge, wie aus der Angabe von Adamkiewicz hervorgehen ſoll, der von der »Eröffnung« eines Cyclus von
Vorträgen über ſpontane Krebsheilung geſprochen hat. Das iſt die
ganze Fülle von »falſcher Darſtellung«, »craſſer Entſtellung«, »Tiraden«, »lügneriſchen Entſtellungen«, »Unwahrheit«, welche die
»Anklageſchrift« Herrn Prof. Adamkiewicz zum Vorwurfe macht.
Und um zu dieſem kläglichen Ergebniß zu gelangen, mußte die
»Anklageſchrift« ſelbſt einen ganzen Berg von Unwahrheiten und
Entſtellungen aufhäuſen, mußte einundeinhalb Jahre in dem gegen
ſie vorliegenden, ſie in jeder Zeile vernichtenden Anſchuldigungen
verzweifelt herumwühlen, um nach ſorgfältigſter Ausleſe das für ſich

zu finden, was sie gefunden hat! Das war allerdings keine leichte Arbeit. Sie kostete deshalb auch fast 2 Jahre angestrengtester Arbeit. Parturiunt montes, nascetur ridiculus mus. Und auf diese im Voraus geahnten Ergebnisse der »Anklageschrift« hin hat thatsächlich die Gesellschaft der Aerzte für angemessen erachtet, Adam Kiewicz aus der Liste ihrer »correspondirenden« Mitglieder zu streichen. Der Jahresbericht der Gesellschaft theilt mit, daß der Ausschließungsantrag von Prof. Hochenegg am 16. Juni 1896 eingebracht wurde. Notabene ist der Schluß der Artikelserie von Adam Kiewicz; in der »Neuen Revue« erst am nächsten Tage, 17. Juni 1896, erschienen. Und am 19. Juni fand bereits die Versammlung der Gesellschaft statt, in welcher die »Anklageschrift« vorgetragen und der Ausschließungsantrag angenommen wurde. Schon die überstürzte Eile dieses Verfahrens kennzeichnet dessen Gewissenhaftigkeit. Um diese zu beweisen hat man nachträglich zwei Jahre lang erlogene und gefälschte Argumente gesucht. Nach den Zeitungsberichten, die damals, und zwar auf Grund von Informationen ex praesidio der Gesellschaft veröffentlicht wurden, schloß die in der Versammlung vorgetragene »Anklageschrift« mit dem Antrage: »Professor Adam Kiewicz ohne jede Debatte aus der Gesellschaft der Aerzte auszuschließen«. Im Jahresberichte aber fehlt dieser Schluß der Anklageschrift; man hat dieses schamlose »ohne jede Debatte« vermuthlich aus Schamhaftigkeit unterdrückt. Hingegen ist der Jahresbericht nicht schamhaft genug, auch die Thatsache zu unterdrücken, daß Prof. Paltauf sich in der Versammlung gegen die Zulassung einer Discussion über den Ausschließungsantrag aussprach! Dieser Gentleman, der — wie oben erwähnt — als einer der am stärksten Angegriffenen, Partei in dieser Sache ist, begnügte sich also nicht damit, als Referent über den Fall zu fungiren, er erklärte sich auch mit cynischer Ungenirtheit gegen jede Discussion. Und wirklich wurde der Ausschließungsantrag ohne Discussion angenommen! Das Proceßverfahren war eben der »Anklageschrift« würdig.

Eine ganze Reihe von Fragen drängt sich uns hier auf, die wohl der Beantwortung werth wären, auf die wir näher einzugehen uns jedoch ersparen müssen.

Warum hat die sogenannte »Anklageschrift«, die bei ehrlichen Processen dem Urtheil vorauszugehen pflegt, und die im Fall Adamkiewicz dem Urtheil sonderbarer Weise erst nach anderthalb Jahren gefolgt ist, sich schließlich gar noch in das Dunkel eines Jahresberichtes geflüchtet, in das ihm Prof. Adamkiewicz nicht hat folgen können? Warum hat sie auch jetzt noch das Licht gescheut, nachdem Adamkiewicz seinen Verfolgern tödtliche Hiebe vor aller Welt und in hellem Tageslicht versetzt hat?

Wie steht es mit der rechtlichen Seite der Ausschließung eines »correspondirenden«, also eines zur eigenen Ehre gewählten Mitgliedes und dazu einer solchen Ausschließung? Wie werden sich in Zukunft die von der k. k. Gesellschaft der Aerzte »Erwählten« einer Ehre gegen- über zu verhalten für angemessen finden, die ihre eigenen Gefahren birgt? Nach welchen Grundsätzen werden Diejenigen, welche sie bereits besitzen, ihr Verhalten regeln, um vor Ueberfällen gerade dann, wenn sie etwas leisten, sicher zu sein? Darf die »Aenderung der Statuten«, zu der die Gesellschaft der Aerzte sich genöthigt gesehen hat, als eine ausreichende Sühne für Prof. Adam- kiewicz gelten, der, weil er seiner Pflicht und seiner Regierung gefolgt ist und im idealsten Streben selbstvergessen Alles aufs Spiel gesetzt hat, Unerhörtes leidet?

Prof. Adamkiewicz hat übrigens das Alles sich wohl selbst beantwortet, als er die ihm widerfahrene »Ausschließung« nichts weniger als tragisch genommen hat. Er beantwortete diese Maß- regel mit einer Erklärung (»Neue Revue«, 1896, S. 774), worin es zutreffend heißt:

»Die Gesellschaft der Aerzte hat auf Grund ihr vorgelegter vollkommen unwahrer und entstellter Berichte mich »ausgeschlossen«, ohne mich vorher auch nur anzuhören. Wäre dies geschehen, so hätten sich gewiß viele einsichtige und ehrenhafte Collegen einer so übereilten und gewaltthätigen Maßregelung widersetzt. Doch, davon abgesehen — welchen Sinn soll es haben, daß eine Gesellschaft mich »ausschließt«, der ich niemals angehören wollte, um deren Mitgliedschaft ich mich nie bewarb, die mich vielmehr seinerzeit aus freier Initiative aufsuchte und mir den Titel ihres »correspon- direnden Mitgliedes« verlieh — um sich zu ehren, nicht um mich zu ehren! Wenn diese Gesellschaft also heute nicht mir, sondern sich die Ehre meiner Titulatur-Mitgliedschaft wieder nimmt, was kann das mich anfechten?«

So gleichgiltig aber auch für Abamkiewicz selbst seine »Ausschließung« sein mag, so wenig er es selbst der Mühe für werth gehalten hat, den üblichen äußeren Gebrauch von den Sympathiebezeugungen zu machen, die ihm aus Anlaß seiner »Ausschließung« zu Theil geworden sind: für die Oeffentlichkeit ist weder diese Affaire gleichgiltig, noch ihr Verlauf abgeschlossen. Jene ist vielmehr als ein zweckgemäßer Beitrag zur Naturgeschichte des modernen Culturlebens bei uns ungemein lehrreich. Und dieser wird lehren, ob ein benkwürdiges Complot gegen die Arbeit stärker war, als Arbeit und Recht zusammen, die die Fundamente jeder Civilisation und also auch jeder wahren Macht bilden, und ohne welche die Cultur zur Caricatur herabsinkt.

Justitia regnorum fundamentum.

Weil also im Fall Abamkiewicz die Gerechtigkeit noch zu sprechen haben wird, deshalb haben wir uns der Mühe unterzogen, jene nichts weniger als vergessenen oder gar aufgeklärten und gebührend erledigten Vorgänge in der Gesellschaft der Aerzte wieder ans Licht zu ziehen.